青少年运动技能等级标准与测试方法丛书

STSSL.CN
STANDARD TEST OF SPORT SKILL LEVEL

CSEA
CHINA SPORTS EDUCATION ALLIANCE

青少年极限飞盘
运动技能等级标准与测试方法

全国青少年运动技能等级标准研制组　组编

科 学 出 版 社
北 京

内 容 简 介

本书介绍了青少年极限飞盘运动技能等级标准与测试方法，主要内容包括测试场地、器材、设备及人员配备要求，测试的总体要求，各等级测试科目，一～九级测试方法，各级测试方法中规定了该级测试方法及要求、达标标准，并对测试动作辅以图示及说明。

本书可供国家及各级教育主管部门、体育主管部门，各级体育协会，体育院校及中小学校，社会性体育培训组织相关单位人员参考、使用。

图书在版编目（CIP）数据

青少年极限飞盘运动技能等级标准与测试方法 / 全国青少年运动技能等级标准研制组组编. -- 北京 : 科学出版社, 2025. 8. -- (青少年运动技能等级标准与测试方法丛书). -- ISBN 978-7-03-082718-0

Ⅰ. G898.1

中国国家版本馆 CIP 数据核字第 2025EM8841 号

责任编辑：张佳仪 / 责任校对：谭宏宇
责任印制：黄晓鸣 / 封面设计：殷 靓

科学出版社 出版
北京东黄城根北街 16 号
邮政编码：100717
http: // www. sciencep. com
上海景条印刷有限公司印刷
科学出版社发行 各地新华书店经销
*
2025 年 8 月第 一 版 开本：B5（720 × 1000）
2025 年 8 月第一次印刷 印张：5 1/2
字数：83 000

定价：70.00 元

（如有印装质量问题，我社负责调换）

“青少年运动技能等级标准与测试方法丛书”专家指导委员会

《青少年极限飞盘运动技能等级标准与测试方法》编辑委员会

第二版丛书序

2018年4月，我国第一套涵盖11个运动项目的“青少年运动技能等级标准与测试方法”（以下简称“标准”）面向社会公开发布。同期，“标准”丛书由科学出版社正式出版。“标准”自问世以来，得到了教育部、国家体育总局、上海市教委、全国体育行业职业教育教学指导委员会，以及相关运动项目协会的高度肯定和大力支持，对推动青少年体育的发展起到了积极的作用。

截至目前，全国已有16个省（自治区、直辖市）的9 000余名体育工作者接受了“标准”考评员培训，已有27个省（自治区、直辖市）的300余家社会机构组织开展了“青少年运动技能等级标准”测评，参加社会化测试的青少年近万人，有力推动社会力量对青少年体育发展做出贡献。上海市中小学校自2018年将“标准”作为推进学校体育工作的重要抓手，全面开展针对青少年学生的运动技能等级测试以来，到2019年底共测试中小学生超过10万人，测试结果为深入了解青少年学生运动技能掌握的实情、发现体育教学中存在的问题提供了有力参考。同时，针对体操、高尔夫球、羽毛球等项目，创新性地开展了比赛与测试相结合的标准等级赛，极大地激发了青少年参与比赛的热情，丰富了比赛的内涵，提升了青少年参与比赛的获得感，产生了良好的社会效益。

2018年12月，“标准”丛书获得了第27届上海市中小学、幼儿园优秀图书评选活动二等奖。2019年4月，“标准”丛书被列入上海市中小学、幼儿园图书馆（室）图书配置推荐目录。“标准”部分内容也在2019年被上海市初中教材《体育与健身》采纳，正式作为上海市初中生的体育课程学习内容。

“标准”在国内得到多方认可的同时，也受到了国际同行的关注。2019年4月出版的《青少年软式曲棍球运动技能等级标准与测试方法（中英文版）》得到了国际软式曲棍球联合会和亚洲大洋洲软式曲棍球联合会的认证，成为该项目的国际标准。这为“标准”在世界范围内的传播开了先河，彰显了我国青少年体育发展成果的国际影响力。

首批11个运动项目的“标准”出版后，引起了广大体育同行对青少年体育技能发展问题的关注，并积极投入到新“标准”的研制工作中。到目前为止，上海体育学院、成都体育学院、沈阳体育学院、哈尔滨体育学院、南京体育学院、宁波大学、上海理工大学、东华大学等单位积极支持科研人员参与到新“标准”的研制中，先后正式出版了软式曲棍球、健美操、体育舞蹈、艺术体操、空竹、跳绳6个项目的“标准”用书。此外，攀岩、轮滑等10余个新兴和时尚运动项目也已被纳入了研制和出版计划。

在首批“标准”的推广应用过程中，部分专家学者及广大使用者对进一步完善“标准”提出了非常宝贵的意见。研制组在对这些意见进行认真梳理和广泛讨论的基础上，决定开展对首批“标准”的完善和升级工作。经过近1年的努力，率先完成了足球、篮球、排球、羽毛球和高尔夫球5个项目的“标准”（第二版）工作。“标准”（第二版）主要有以下一些变化。

一是标齐等级难度。各项目研制组在基于前期测试的基础上，结合专家意见，尽可能标齐了不同项目同一等级的难度，增强了“标准”等级之间的可比性。

二是采用百分制。每一等级测试均采用百分制，提高了“标准”同一等级内的区分度，为中小学校利用“标准”开展学生体育学业评价提供方便。

三是提升测试效率。对部分之前测试较烦琐、耗时较长的科目进行了改进，简化了测试流程，增强了测试简便性，提升了测试效率。

四是提高严谨性。对各项目标准中存在的错误进行修订，对部分测试指标进行调整，并对第一版中的文字、图片和视频进一步完善。

在“标准”投入应用后，广大中小学体育教师、社会体育俱乐部教练对于如何指导青少年学练“标准”各等级测试动作产生了强烈需求。为此，各项目研制组针对各级测试的动作技术关键、易犯错误、教学步骤及学练方法等内容开展了教学指导用书的编写工作，以期“标准”能更好地为青少年体育实践服务。此外，各项目“标准”研制组积极开展人工智能测试工具的研发，为实现全程自动化测试奠定了基础。

不忘初心，方有正确航向。千锤百炼，才能永葆生机。希望通过不断的修订，能够提升“标准”的质量，打造出精品，为青少年的体育发展提供不竭动力。当然，由于研制者学识、能力和水平有限，“标准”丛书可能存在疏漏和不足之处，恳请各项目专家学者和实践应用者提出宝贵意见，以供进一步完善。

陈佩杰　唐　炎

2020年4月15日

第一版丛书序

2017年11月，国家体育总局、教育部、中央文明办、国家发展改革委、民政部、财政部和共青团中央7部门联合制定出台了《青少年体育活动促进计划》，明确提出[illegible]少年运动技能等级评定标准”，并要求“各级教育部[illegible]入学生综合素质评价体系”。运动技能水[illegible]键指标，让青少年掌握1～2项运动技能[illegible]求。然而，如何客观有效地评判青少年[illegible]套行之有效的标准。毋庸讳言，当前运[illegible]约青少年体育改革发展的主要因素。这[illegible]检验和深入推进、青少年体育素养水平[illegible]的规范开展都造成了影响。因此，制定[illegible]动技能进阶规律、科学性强且便于测试[illegible]简称“标准”）已迫在眉睫。

20[illegible]准”研制组并开展相关工作。经过广泛[illegible]研制组确立了四等十二级制的“标准”体[illegible]动项目的实际运用能力、能反映个体运[illegible]动参与的积极性、能与竞技体育运动[illegible]中国乒乓球学院强大的科研力量，以乒[illegible]破口，以点带面地推进研制工作。2017[illegible]少年乒乓球运动技能等级标准》（以下简[illegible]的发布得到了中国乒乓球协会与上海[illegible]与专家的高度肯定，国家体育总局官网[illegible]以报道。在《乒乓球标准》成功发布的[illegible]和路径。又历时1年，经过对9 000余名[illegible]家研讨，研制组先后完成了足球、篮球、排球、[illegible]尔夫球、田径、体操、游泳、武术10个运动项目的“标准”研制工作。上海市学生体育协会对“标准”高度认可，并采纳其全部内容用于促进青少年学生体育活动的开展工作。同时，“标准”已作为行业主体在上海市质量技术监督局申请为“团体标准”。“标准”的正式出台对于推动青少年体育发展可以起到以下几方面的作用。第一，“标准”的体系构架能够实现普通青少年与精英运动员的运动技能水平评定的衔接，能够为体育管理部门掌握青少年运动技能等级分布情况、规划运动项目发展方向提供支撑。第二，“标准”的指标设计充分考虑到运动项目参与主体的获得感，青少年在每一阶段的进步均能通过等级的进阶得到证明，从而更好地激发和维持青少年积极参与运动的热情。第三，“标准”在对个体参与测试的资格上添加了运动经历的要素，要求被测试者从进入“提高级”的测试开始，必须要具备相应的运动经历才能参与测试。这样的设置突出了“标准”作为评价工具的发展功能，能够避免青少年将技能等级提升与运动实践相割裂的弊端，从而更好地带动青少年积极运动。第四，“标准”指标体系的科学性及测试方法的便捷性能够为学校开展体育技能教学、评定学生体育技能水平提供技术支撑，能够为教育部门开展学生体育素养测评提供科学便捷的工具，更好地实践体育与健康课程的育人价值。第五，“标准”能够为各种青少年体育培训机构的培训质量提供明确的评价依据。当前，青少年体育培训机构虽然蓬勃发展，但也良莠不齐。评价培训质量的指标较多，而青少年运动技能水平的提升程度无疑才是评价培训质量优劣的重要参考。

从提出研制思路到最终成稿，上海市教委都给予了极大的支持与帮助。同时，上海体育学院国家社会科学基金重大项目“中国儿童青少年体育健身大数据平台建设研究”研究团队从项目设计开始，就将“标准”的研制作为主要的研究任务之一，并形成了专门的研究小组进行技术攻关。此外，各运动项目领域的诸多专家及协会、众多中小学学校及社会性体育培训机构也在本“标准”的研制过程中提供了大量帮助。在此，向所有为“标准”的研制工作贡献力量的人员表示衷心的感谢！

受学识的限制，“标准”肯定存在着诸多不完善的地方。因此，恳请广大专家学者以及应用“标准”的相关机构、组织及个人不吝赐教，多提宝贵意见，为“标准”的进一步完善提供真知灼见！

陈佩杰　唐　炎

2018年3月12日

编写说明

“青少年运动技能等级标准与测试方法”丛书的编写特点如下：

- **科学性强** 基于万余名青少年的测试数据，经过数十轮专家论证而制定。各等级的测试科目基本涵盖了该项运动的主要技术，体现了运动项目的本质特征和运动技能的进阶规律。

- **客观性强** 研制过程中尽可能采用智能化的测试手段，能够有效避免主观因素的干扰。此外，还对各运动项目的测试场地、器材、设备、考官及被测试者提出了统一要求，从而保证了不同测试基地间测量的可信度。

- **操作性强** 在保证科学性和客观性的基础上，力求各运动项目等级的测试方法更简单易行，耗时更少。

- **引领性强** 不同运动项目的相同等级难度设置基本对等，具有一定的层次性。从“提高级”开始，要求具备相应的运动经历，能够激发和维持青少年的运动参与热情。

- **贯通性强** 能与高水平竞技运动有效衔接，从而实现普通青少年与运动精英在技能上的贯通。

- **直观性强** 各等级测试过程中的动作要点均辅以图片进行说明，且每项测试科目都配有示范内容的视频，通过扫描二维码，即可直观、便捷地了解测试内容与方法。

目　录

八级测试

九级测试

青少年极限飞盘运动技能等级标准与测试方法

飞盘运动（frisbee）起源于20世纪50 ～ 60年代，早期是一项以娱乐为主的投掷运动，由于运动本身新颖、活泼，具有变化性、挑战性，没有场地限制等诸多特点，快速吸引了男女老少各年龄层的爱好者。

世界飞盘联合会（World Flying Disc Federation，WFDF）将飞盘运动分为极限飞盘、沙滩极限飞盘、飞盘高尔夫、自由式飞盘、勇气飞盘和全能飞盘。其中，七人制的极限飞盘（ultimate frisbee）已于2001年被纳入世界运动会（非奥运项目的国际比赛）成为正式项目。本“标准”仅针对极限飞盘运动技能等级标准与测试方法进行介绍。

极限飞盘运动是一项由七人制团队构成，在规格为100 m × 37 m且两侧各有一块18 m × 37 m的得分区域的场地上，以传递飞盘为竞技内容并进行自我裁决的竞技运动。在极限飞盘运动中，队员运用一定的技战术，通过团队配合将飞盘更多次、更准地传递给得分区的队员，无身体接触、无男女限制。极限飞盘的核心是飞盘精神，所有队员都应自我管理与遵守规则。青少年经常参与极限飞盘运动有利于塑造良好的体型与身体姿态，提高力量、速度、灵敏性等身体素质，培养规则意识，提升沟通交往的能力，养成沉着冷静的良好心理素质。

为了帮助青少年掌握1 ～ 2项运动技能，促进青少年健康成长，同时也为了服务于极限飞盘运动的良好发展，特制定“青少年极限飞盘运动技能等级标准”（以下简称“标准”）。“标准”在整体上采用四等十二级制，其中，一～三级为“入门”级，四～六级为“提高”级，七～九级为“专业”级，十～十二级为“精英”级。本“标准”仅针对一～九级，预留十～十二级与高水平运动员等级相衔接。

测试场地、器材、设备及人员配备要求

场地

极限飞盘运动技能的测试场地应铺有天然或人造草坪。根据各等级的测试科目不同，所要求的测试场地规格也不同，但应满足各科目的测试要求。

一般来说，在室外足球比赛场地即可进行极限飞盘运动。极限飞盘的官方比赛场地规格为长100 m、宽37 m；中间设置长64 m、宽37 m的争夺区；两边设置长18 m、宽37 m的得分区。因此，本“标准”的测试场地规格可设置为长64 m、宽37 m的区域，场地应平坦，无障碍物，并合理保障队员安全。

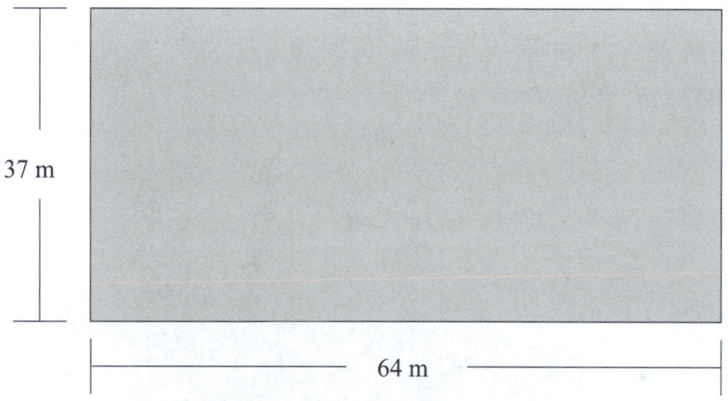

极限飞盘测试场地示意图

器材

飞盘：材质为PE，直径273 mm，厚度33 mm，重量175 g，准备42 ～ 68个。

标志碟：材质为PE，尺寸为20 mm × 5 mm × 5 mm，准备10 ～ 16个。

掷准网兜：由铁管支架、玻璃纤维杆、涤纶网兜组成，大小为213 cm × 213 cm，准备10 ～ 15个。

体适能跨栏：材质为PE，宽56 mm，高30 cm，准备10 ～ 16个。

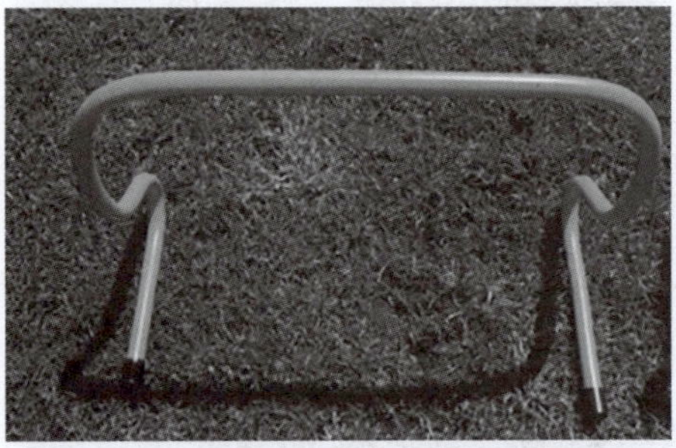

秒表：型号为AP-7010，大小约65 mm × 82 mm × 20 mm，准备2 ～ 5个。

电动计时装置：显示器长29 cm、宽11.8 cm，准备5组。

标志杆：材质为ABS，高1.8 m，准备22个。

发令喇叭：材质为树脂、钢材，声音强度115 ～ 130分贝，准备4个。

数字地标帖：直径约30 cm，准备5套。

标志桶：桶径约32 cm，准备4个。

除上述器材，另需彩色尼龙带、记录板、成绩登记表格若干。

设备

医用急救包1套，全程录像设备1套，专用电脑2台，配备网络接口，或具备无线上网功能，并保证网络畅通。采用“标准”委员会认可的电子计时装备。

人员

主考官：1名，负责统筹协调。

检录员：至少3名，负责信息核对与引导就位。

记录员：至少2名，负责成绩统计。

考评员：可根据测试者人数开设若干测试区域，每块测试区域配备2人，负责器材检查、过程监督、成绩判定。

其他工作人员：若干，包含但不限于设备员1名、录像员1名。

经过“标准”委员会认可的智能化测试器材设备，可辅助、替代或部分替代人工测试。

测试的总体要求

测试规则

被测试者首次申请测试可选择任意等级进行测试。首次测试通过后可申请更高等级的测试，未通过者应申请同等或者更低等级的测试。

本“标准”结合《全国极限飞盘运动竞赛规则》制定，测试方法及动作要求以本“标准”的规定为准，如违反本“标准”要求，将终止测试。每个科目考生有两次测试机会。

评分方法

本“标准”中每一级测试总分均为100分，被测试者应按要求完成相应等级的测试内容。考官将被测试者的完成时间转换成分数，作为被测试者的最终成绩，被测试者须达到60分及以上视为通过。

计时结果以电动计时装置设备为准，若电动计时出现故障，则以考官手动计时结果为准。考官手动计时以被测试者听到发令时触发计时器同一时间为始，以被测试者跑至终点触发终点计时器为止。

被测试者要求

被测试者在测试前应进行不低于15分钟的热身活动，并熟悉测试内容。在此基础上，按照编号依次进行所选等级的测试。测试时，应着运动服和运动鞋。

从四级开始，要求被测试者应具有一定的比赛经历。申请四～六级的被测试者须参加过县级及以上政府相关部门或行业协会主办的比赛，或者以“标准杯”冠名的相应级别比赛，或者经“标准”委员会认定的比赛，并获得前八名。申请七～九级的被测试者须参加过地市级及以上政府相关部门或行业协会主办的比赛，或者以“标准杯”冠名的相应级别比赛，或者经“标准”委员会认定的比赛，并获得前三名。

被测试者进入测试场地，应严格遵守《全国极限飞盘运动竞赛规则》要求。① 被测试者传盘过程中轴心脚不可移动，若出现轴心脚移动则失去1次测试机会须重新开始测试。② 被测试者传盘时双脚须在指定区域内（传盘点区域标准为200 cm × 200 cm正方形框，不可踩线），否则视为无效测试，单次测试成绩取消，考官应提醒被测试者回到起点位置开始第2次测试。③ 被测试者测试过程中须严格按照相应等级要求路线进行，未按规定线路进盘不计入成绩。④ 飞盘在飞行过程中进入目标框视为成功传盘，触框弹进视为无效传盘。⑤ 被测试者须严格按照科目要求轨迹进行传盘，弧线盘须绕过标志杆、直线盘须穿过两杆之间。⑥ 被测试者在测试过程中手触标志物、绕过标志物、跨越障碍栏均须按要求执行，未按要求均视为违规，单次违规加时3秒，计入被测试者测试总用时。

传盘距离设置以传盘点边框外沿至相应目标框外沿最短距离为准。

考官要求

主考官及考评员必须身着专用测试服装参加测试。测试前主考官必须认真检查测试场地、器材安全与相关标准，询问、提醒被测试者做好充分准备活动。

主考官资质：一～六级测试主考官应是取得极限飞盘运动国家中级及以上教练员或裁判证书者，或经“标准”委员会认定的人员。七～九级测试主考官应是取得极限飞盘运动对应项目国家级及以上教练员或裁判证书者，或经“标准”委员会认定的人员。所有考官均应无不良执裁记录。

考评员资质：应是达到本“标准”六级以上测试的人员，或经“标准”委员会认定的人员。

测试点要求

测试点必须保持测试场地平整，无易造成伤害事故的坚硬物体或其他安全隐患，草的高度以能覆盖喷灌出口为标准。整个测试过程须全程录像。

各等级测试科目

各等级测试科目一览表

等级	科目
一～三级	5米正反手抛盘、10米正反手直线传盘
四～六级	8米正手外弧线传盘、8米反手外弧线传盘、15米正反手直线传盘、行进间定点8米快速短传
七级	10米正反手外弧线传盘、5米反手抛盘、18米正反手直线长传
八级	8米反手侧方短传、8米正手侧方短传、18米正反手直线长传
九级	25米正反手内弧线传盘、20米正反手低位传盘、20米正反手高位传盘

一～三级测试

科目：5米正反手抛盘、10米正反手直线传盘

一～三级
测试

测试方法及要求

被测试者在每个传盘点传盘过程中须身体正面朝向标识，按照传盘路线和目标顺序的规定进行测试，传盘时不可超出指定范围、动作标准、轴心脚不可移动、不可持盘跑动。

被测试者站在起点线外，举手向考官示意后，进入起点，发令声响起时触发计时器测试开始，沿指定路线冲刺跑至1号传盘点，完成5米正反手顺、逆时针抛盘。

5米正反手抛盘步骤须严格按照指定顺序进行，先顺时针反手依次传盘至1—2—3—4号目标框，再正手依次回传至4—3—2—1号目标框，未按照规定顺序传盘视为违规，须重新开始该等级测试。被测试者在1号传盘点所对应的每个目标框具有3次传盘机会，完成1次即可转至下一目标框。

被测试者完成5米正反手抛盘后沿指定路线快速冲刺跑至2号传盘点，开始10米正反手直线传盘。正手、反手各有6次机会，正手、反手各须完成2次成功的传盘方可视为合格。

10米正反手直线传盘合格后迅速沿指定路线跑至终点处按下计时器，计时结束。

被测试者在测试过程中任一点位均须在规定次数内按要求完成动作，否则该等级测试视为无效，无须记录时间。

飞盘在飞行过程中进入目标框视为传盘成功，落在网兜外、触框弹进均视为无效。被测试者须严格按照项目轨迹要求传盘，直线盘须穿过两杆之间。

每名被测试者有两次测试机会。

场地布置要求

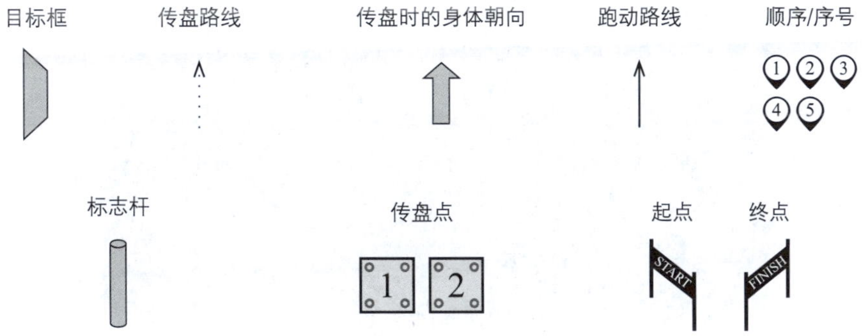

标准图示要求

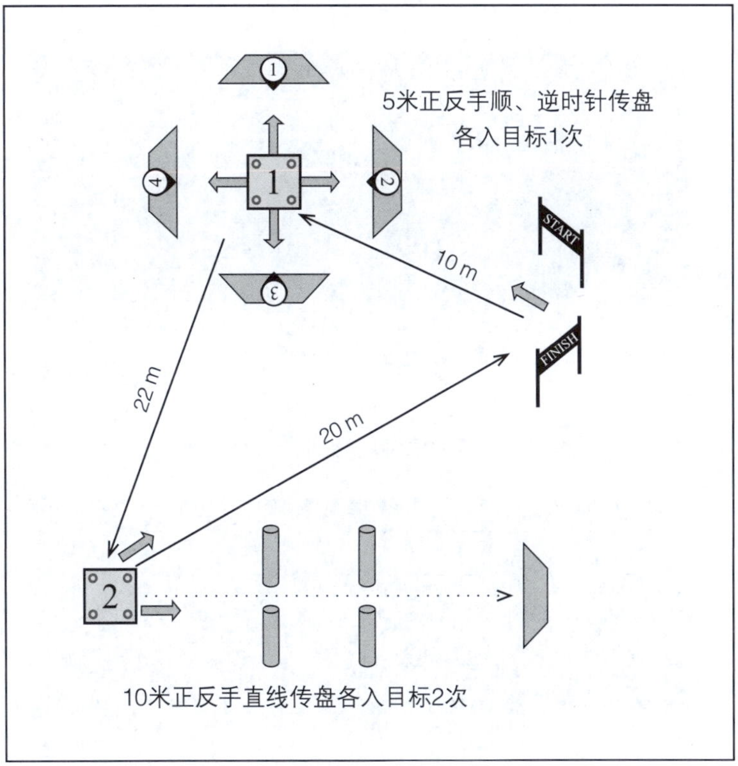

一～三级测试场地示意图

动作图示及说明

● 被测试者站在起点线外举手向考官示意

● 被测试者触发起点计时器，计时开始

● 被测试者沿指定路线冲刺跑至1号传盘点

• 被测试者完成5米正反手抛盘

• 被测试者沿指定路线快速冲刺跑至2号传盘点

• 被测试者开始10米正反手直线传盘

• 被测试者沿指定路线跑至终点

• 被测试者按下终点计时器，计时结束

达标标准

根据一～三级测试分值表，分别得到被测试者一～三级测试的最终成绩。被测试者须达到60分及以上，则该等级达标。

一级测试分值表

分值	男	女	分值	男	女
100	65"00	68"00	82	67"25	70"25
99	65"12	68"12	81	67"37	70"37
98	65"25	68"25	80	67"50	70"50
97	65"37	68"37	79	67"62	70"62
96	65"50	68"50	78	67"75	70"75
95	65"62	68"62	77	67"87	70"87
94	65"75	68"75	76	68"00	71"00
93	65"87	68"87	75	68"12	71"12
92	66"00	69"00	74	68"25	71"25
91	66"12	69"12	73	68"37	71"37
90	66"25	69"25	72	68"50	71"50
89	66"37	69"37	71	68"62	71"62
88	66"50	69"50	70	68"75	71"75
87	66"62	69"62	69	68"87	71"87
86	66"75	69"75	68	69"00	72"00
85	66"87	69"87	67	69"12	72"12
84	67"00	70"00	66	69"25	72"25
83	67"12	70"12	65	69"37	72"37

（续表）

分值	男	女	分值	男	女
64	69"50	72"50	39	72"62	75"62
63	69"62	72"62	38	72"75	75"75
62	69"75	72"75	37	72"87	75"87
61	69"87	72"87	36	73"00	76"00
60	70"00	73"00	35	73"12	76"12
59	70"12	73"12	34	73"25	76"25
58	70"25	73"25	33	73"37	76"37
57	70"37	73"37	32	73"50	76"50
56	70"50	73"50	31	73"62	76"62
55	70"62	73"62	30	73"75	76"75
54	70"75	73"75	29	73"87	76"87
53	70"87	73"87	28	74"00	77"00
52	71"00	74"00	27	74"12	77"12
51	71"12	74"12	26	74"25	77"25
50	71"25	74"25	25	74"37	77"37
49	71"37	74"37	24	74"50	77"50
48	71"50	74"50	23	74"62	77"62
47	71"62	74"62	22	74"75	77"75
46	71"75	74"75	21	74"87	77"87
45	71"87	74"87	20	75"00	78"00
44	72"00	75"00	19	75"12	78"12
43	72"12	75"12	18	75"25	78"25
42	72"25	75"25	17	75"37	78"37
41	72"37	75"37	16	75"50	78"50
40	72"50	75"50	15	75"62	78"62

（续表）

分值	男	女	分值	男	女
14	75"75	78"75	7	76"62	79"62
13	75"87	78"87	6	76"75	79"75
12	76"00	79"00	5	76"87	79"87
11	76"12	79"12	4	77"00	80"00
10	76"25	79"25	3	77"12	80"12
9	76"37	79"37	2	77"25	80"25
8	76"50	79"50	1	77"37	80"37

二级测试分值表

分值	男	女	分值	男	女
100	59"00	62"00	85	60"87	63"87
99	59"12	62"12	84	61"00	64"00
98	59"25	62"25	83	61"12	64"12
97	59"37	62"37	82	61"25	64"25
96	59"50	62"50	81	61"37	64"37
95	59"62	62"62	80	61"50	64"50
94	59"75	62"75	79	61"62	64"62
93	59"87	62"87	78	61"75	64"75
92	60"00	63"00	77	61"87	64"87
91	60"12	63"12	76	62"00	65"00
90	60"25	63"25	75	62"12	65"12
89	60"37	63"37	74	62"25	65"25
88	60"50	63"50	73	62"37	65"37
87	60"62	63"62	72	62"50	65"50
86	60"75	63"75	71	62"62	65"62

（续表）

分值	男	女	分值	男	女
70	62"75	65"75	45	65"87	68"87
69	62"87	65"87	44	66"00	69"00
68	63"00	66"00	43	66"12	69"12
67	63"12	66"12	42	66"25	69"25
66	63"25	66"25	41	66"37	69"37
65	63"37	66"37	40	66"50	69"50
64	63"50	66"50	39	66"62	69"62
63	63"62	66"62	38	66"75	69"75
62	63"75	66"75	37	66"87	69"87
61	63"87	66"87	36	67"00	70"00
60	64"00	67"00	35	67"12	70"12
59	64"12	67"12	34	67"25	70"25
58	64"25	67"25	33	67"37	70"37
57	64"37	67"37	32	67"50	70"50
56	64"50	67"50	31	67"62	70"62
55	64"62	67"62	30	67"75	70"75
54	64"75	67"75	29	67"87	70"87
53	64"87	67"87	28	68"00	71"00
52	65"00	68"00	27	68"12	71"12
51	65"12	68"12	26	68"25	71"25
50	65"25	68"25	25	68"37	71"37
49	65"37	68"37	24	68"50	71"50
48	65"50	68"50	23	68"62	71"62
47	65"62	68"62	22	68"75	71"75
46	65"75	68"75	21	68"87	71"87

（续表）

分值	男	女	分值	男	女
20	69"00	72"00	10	70"25	73"25
19	69"12	72"12	9	70"37	73"37
18	69"25	72"25	8	70"50	73"50
17	69"37	72"37	7	70"62	73"62
16	69"50	72"50	6	70"75	73"75
15	69"62	72"62	5	70"87	73"87
14	69"69	72"75	4	71"00	74"00
13	69"87	72"87	3	71"12	74"12
12	70"00	73"00	2	71"25	74"25
11	70"12	73"12	1	71"37	74"37

三级测试分值表

分值	男	女	分值	男	女
100	53"00	56"00	88	54"50	57"50
99	53"12	56"12	87	54"62	57"62
98	53"25	56"25	86	54"75	57"75
97	53"37	56"37	85	54"87	57"87
96	53"50	56"50	84	55"00	58"00
95	53"62	56"62	83	55"12	58"12
94	53"75	56"75	82	55"25	58"25
93	53"87	56"87	81	55"37	58"37
92	54"00	57"00	80	55"50	58"50
91	54"12	57"12	79	55"62	58"62
90	54"25	57"25	78	55"75	58"75
89	54"37	57"37	77	55"87	58"87

（续表）

分值	男	女	分值	男	女
76	56"00	59"00	51	59"12	62"12
75	56"12	59"12	50	59"25	62"25
74	56"25	59"25	49	59"37	62"37
73	56"37	59"37	48	59"50	62"50
72	56"50	59"50	47	59"62	62"62
71	56"62	59"62	46	59"75	62"75
70	56"75	59"75	45	59"87	62"87
69	56"87	59"87	44	60"00	63"00
68	57"00	60"00	43	60"12	63"12
67	57"12	60"12	42	60"25	63"25
66	57"25	60"25	41	60"37	63"37
65	57"37	60"37	40	60"50	63"50
64	57"50	60"50	39	60"62	63"62
63	57"62	60"62	38	60"75	63"75
62	57"75	60"75	37	60"87	63"87
61	57"87	60"87	36	61"00	64"00
60	58"00	61"00	35	61"12	64"12
59	58"12	61"12	34	61"25	64"25
58	58"25	61"25	33	61"37	64"37
57	58"37	61"37	32	61"50	64"50
56	58"50	61"50	31	61"62	64"62
55	58"62	61"62	30	61"75	64"75
54	58"75	61"75	29	61"87	64"87
53	58"87	61"87	28	62"00	65"00
52	59"00	62"00	27	62"12	65"12

（续表）

分值	男	女	分值	男	女
26	62"25	65"25	13	63"87	66"87
25	62"37	65"37	12	64"00	67"00
24	62"50	65"50	11	64"12	67"12
23	62"62	65"62	10	64"25	67"25
22	62"75	65"75	9	64"37	67"37
21	62"87	65"87	8	64"50	67"50
20	63"00	66"00	7	64"62	67"62
19	63"12	66"12	6	64"75	67"75
18	63"25	66"25	5	64"87	67"87
17	63"37	66"37	4	65"00	68"00
16	63"50	66"50	3	65"12	68"12
15	63"62	66"62	2	65"25	68"25
14	63"75	66"75	1	65"37	68"37

四～六级测试

科目：8米正手外弧线传盘、8米反手外弧线传盘、15米正反手直线传盘、行进间定点8米快速短传

四～六级
测试

测试方法及要求

被测试者在每个传盘点传盘过程中须身体正面朝向标识，按照传盘路线和目标顺序的规定进行测试，传盘时不可超出指定范围、动作标准、轴心脚不可移动、不可持盘跑动。

被测试者站在起点线外，举手向考官示意后，进入起点，发令声响起时触发计时器测试开始。计时开始后被测试者进入1号传盘点开始8米正手外弧线传盘，合格后沿指定路线跑至2号传盘点，依次完成8米反手外弧线传盘、15米正反手直线传盘。

被测试者在1、2号传盘点正手、反手各有6次机会，且均须完成3次成功的传盘才能转至下一传盘点。

被测试者完成15米正反手直线传盘后须沿指定路线冲刺至标志点，进行行进间定点8米快速短传。被测试者须先到达3号传盘点进行一次传盘后折返至4号传盘点进行一次传盘，如此往复。3、4号传盘点各有3次机会，被测试者在3、4号传盘点须累计完成3次成功传盘视为合格，3、4号传盘点之间设置折返跑动路线，单次到达每一传盘点只可传盘一次。

被测试者完成行进间定点8米快速短传后，须从即时传盘点先到达标志点后沿指定路线冲刺跑至终点处按下计时器，计时结束。

被测试者在测试过程中任一点位均须在规定次数内按要求完成传盘，否则该等级测试视为无效，无须记录时间。

被测试者到达标志点须手触标志物。

飞盘在飞行过程中进入目标框视为传盘成功，落在网兜外、触框弹进均视为无效传盘。被测试者须严格按照项目轨迹要求传盘，弧线盘须绕过标志杆、直线盘须穿过两杆之间。

每名被测试者有两次测试机会。

场地布置

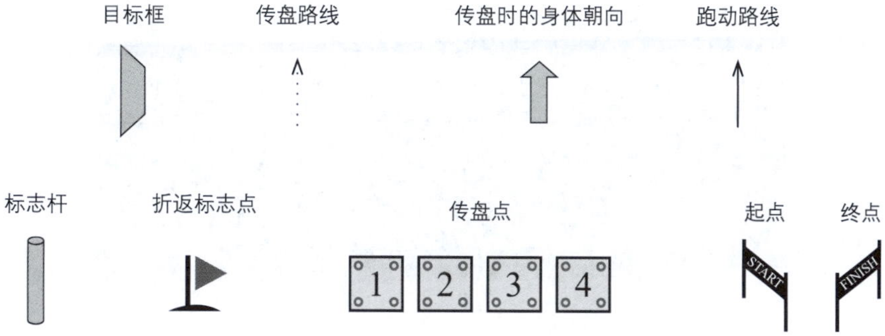

标准图示要求

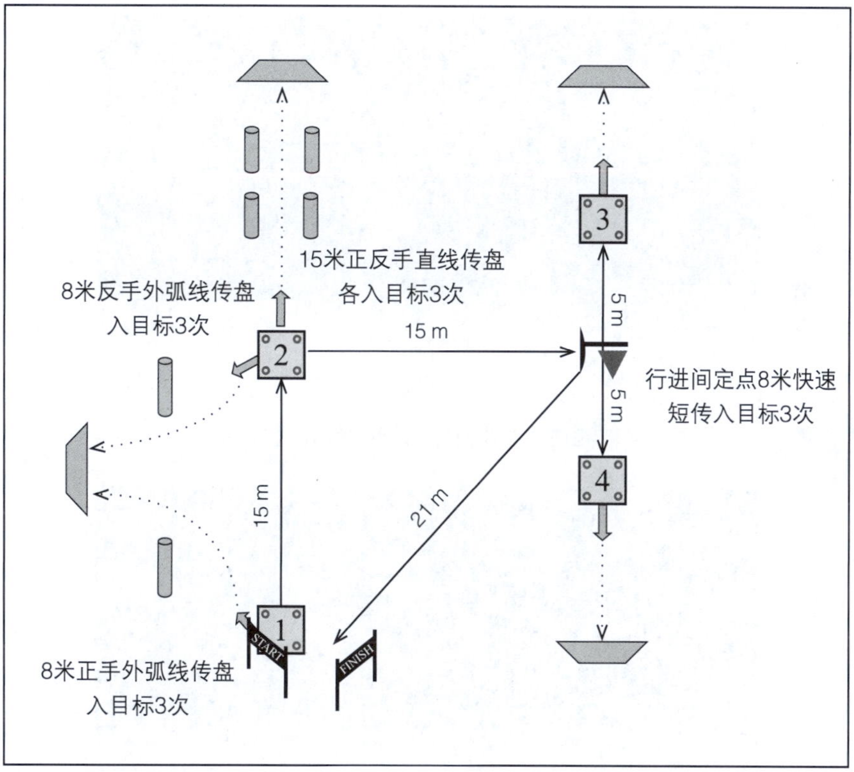

四～六级测试场地示意图

动作图示及说明

● 被测试者站在起点线外举手向考官示意

● 被测试者触发起点计时器，计时开始

● 被测试者在1号传盘点完成8米正手外弧线传盘

● 被测试者沿指定路线跑至2号传盘点

● 被测试者在2号传盘点完成8米反手外弧线传盘

● 被测试者在2号传盘点完成15米正反手直线传盘

● 被测试者沿指定路线冲刺至标志点

● 被测试者手触标志物

● 被测试者到达3号传盘点完成行进间定点8米快速短传

● 被测试者到达4号传盘点完成行进间定点8米快速短传

● 被测试者完成行进间定点8米快速短传后，手触标志物

● 被测试者沿指定路线冲刺跑至终点

● 被测试者按下终点计时器，计时结束

达标标准

根据四～六级测试分值表，分别得到被测试者四～六级测试的最终成绩。被测试者须达到60分及以上，则该等级达标。

四级测试分值表

分值	男	女	分值	男	女
100	85"00	88"00	82	87"25	90"25
99	85"12	88"12	81	87"37	90"37
98	85"25	88"25	80	87"50	90"50
97	85"37	88"37	79	87"62	90"62
96	85"50	88"50	78	87"75	90"75
95	85"62	88"62	77	87"87	90"87
94	85"75	88"75	76	88"00	91"00
93	85"87	88"87	75	88"12	91"12
92	86"00	89"00	74	88"25	91"25
91	86"12	89"12	73	88"37	91"37
90	86"25	89"25	72	88"50	91"50
89	86"37	89"37	71	88"62	91"62
88	86"50	89"50	70	88"75	91"75
87	86"62	89"62	69	88"87	91"87
86	86"75	89"75	68	89"00	92"00
85	86"87	89"87	67	89"12	92"12
84	87"00	90"00	66	89"25	92"25
83	87"12	90"12	65	89"37	92"37

（续表）

分值	男	女	分值	男	女
64	89"50	92"50	39	92"62	95"62
63	89"62	92"62	38	92"75	95"75
62	89"75	92"75	37	92"87	95"87
61	89"87	92"87	36	93"00	96"00
60	90"00	93"00	35	93"12	96"12
59	90"12	93"12	34	93"25	96"25
58	90"25	93"25	33	93"37	96"37
57	90"37	93"37	32	93"50	96"50
56	90"50	93"50	31	93"62	96"62
55	90"62	93"62	30	93"75	96"75
54	90"75	93"75	29	93"87	96"87
53	90"87	93"87	28	94"00	97"00
52	91"00	94"00	27	94"12	97"12
51	91"12	94"12	26	94"25	97"25
50	91"25	94"25	25	94"37	97"37
49	91"37	94"37	24	94"50	97"50
48	91"50	94"50	23	94"62	97"62
47	91"62	94"62	22	94"75	97"75
46	91"75	94"75	21	94"87	97"87
45	91"87	94"87	20	95"00	98"00
44	92"00	95"00	19	95"12	98"12
43	92"12	95"12	18	95"25	98"25
42	92"25	95"25	17	95"37	98"37
41	92"37	95"37	16	95"50	98"50
40	92"50	95"50	15	95"62	98"62

（续表）

分值	男	女	分值	男	女
14	95"75	98"75	7	96"62	99"62
13	95"87	98"87	6	96"75	99"75
12	96"00	99"00	5	96"87	99"87
11	96"12	99"12	4	97"00	100"00
10	96"25	99"25	3	97"12	100"12
9	96"37	99"37	2	97"25	100"25
8	96"50	99"50	1	97"37	100"37

五级测试分值表

分值	男	女	分值	男	女
100	79"00	82"00	85	80"87	83"87
99	79"12	82"12	84	81"00	84"00
98	79"25	82"25	83	81"12	84"12
97	79"37	82"37	82	81"25	84"25
96	79"50	82"50	81	81"37	84"37
95	79"62	82"62	80	81"50	84"50
94	79"75	82"75	79	81"62	84"62
93	79"87	82"87	78	81"75	84"75
92	80"00	83"00	77	81"87	84"87
91	80"12	83"12	76	82"00	85"00
90	80"25	83"25	75	82"12	85"12
89	80"37	83"37	74	82"25	85"25
88	80"50	83"50	73	82"37	85"37
87	80"62	83"62	72	82"50	85"50
86	80"75	83"75	71	82"62	85"62

（续表）

分值	男	女	分值	男	女
70	82"75	85"75	45	85"87	88"87
69	82"87	85"87	44	86"00	89"00
68	83"00	86"00	43	86"12	89"12
67	83"12	86"12	42	86"25	89"25
66	83"25	86"25	41	86"37	89"37
65	83"37	86"37	40	86"50	89"50
64	83"50	86"50	39	86"62	89"62
63	83"62	86"62	38	86"75	89"75
62	83"75	86"75	37	86"87	89"87
61	83"87	86"87	36	87"00	90"00
60	84"00	87"00	35	87"12	90"12
59	84"12	87"12	34	87"25	90"25
58	84"25	87"25	33	87"37	90"37
57	84"37	87"37	32	87"50	90"50
56	84"50	87"50	31	87"62	90"62
55	84"62	87"62	30	87"75	90"75
54	84"75	87"75	29	87"87	90"87
53	84"87	87"87	28	88"00	91"00
52	85"00	88"00	27	88"12	91"12
51	85"12	88"12	26	88"25	91"25
50	85"25	88"25	25	88"37	91"37
49	85"37	88"37	24	88"50	91"50
48	85"50	88"50	23	88"62	91"62
47	85"62	88"62	22	88"75	91"75
46	85"75	88"75	21	88"87	91"87

（续表）

分值	男	女	分值	男	女
20	89"00	92"00	10	90"25	93"25
19	89"12	92"12	9	90"37	93"37
18	89"25	92"25	8	90"50	93"50
17	89"37	92"37	7	90"62	93"62
16	89"50	92"50	6	90"75	93"75
15	89"62	92"62	5	90"87	93"87
14	89"75	92"75	4	91"00	94"00
13	89"87	92"87	3	91"12	94"12
12	90"00	93"00	2	91"25	94"25
11	90"12	93"12	1	91"37	94"37

六级测试分值表

分值	男	女	分值	男	女
100	73"00	76"00	88	74"50	77"50
99	73"12	76"12	87	74"62	77"62
98	73"25	76"25	86	74"75	77"75
97	73"37	76"37	85	74"87	77"87
96	73"50	76"50	84	75"00	78"00
95	73"62	76"62	83	75"12	78"12
94	73"75	76"75	82	75"25	78"25
93	73"87	76"87	81	75"37	78"37
92	74"00	77"00	80	75"50	78"50
91	74"12	77"12	79	75"62	78"62
90	74"25	77"25	78	75"75	78"75
89	74"37	77"37	77	75"87	78"87

（续表）

分值	男	女	分值	男	女
76	76"00	79"00	51	79"12	82"12
75	76"12	79"12	50	79"25	82"25
74	76"25	79"25	49	79"37	82"37
73	76"37	79"37	48	79"50	82"50
72	76"50	79"50	47	79"62	82"62
71	76"62	79"62	46	79"75	82"75
70	76"75	79"75	45	79"87	82"87
69	76"87	79"87	44	80"00	83"00
68	77"00	80"00	43	80"12	83"12
67	77"12	80"12	42	80"25	83"25
66	77"25	80"25	41	80"37	83"37
65	77"37	80"37	40	80"50	83"50
64	77"50	80"50	39	80"62	83"62
63	77"62	80"62	38	80"75	83"75
62	77"75	80"75	37	80"87	83"87
61	77"87	80"81	36	81"00	84"00
60	78"00	81"00	35	81"12	84"12
59	78"12	81"12	34	81"25	84"25
58	78"25	81"25	33	81"37	84"37
57	78"37	81"37	32	81"50	84"50
56	78"50	81"50	31	81"62	84"62
55	78"62	81"62	30	81"75	84"75
54	78"75	81"75	29	81"87	84"87
53	78"87	81"87	28	82"00	85"00
52	79"00	82"00	27	82"12	85"12

（续表）

分值	男	女	分值	男	女
26	82"25	85"25	13	83"87	86"87
25	82"37	85"37	12	84"00	87"00
24	82"50	85"50	11	84"12	87"12
23	82"62	85"62	10	84"25	87"25
22	82"75	85"75	9	84"37	87"37
21	82"87	85"87	8	84"50	87"50
20	83"00	86"00	7	84"62	87"62
19	83"12	86"12	6	84"75	87"75
18	83"25	86"25	5	84"87	87"87
17	83"37	86"37	4	85"00	88"00
16	83"50	86"50	3	85"12	88"12
15	83"62	86"62	2	85"25	88"25
14	83"83	86"75	1	85"37	88"37

七级测试

科目：10米正反手外弧线传盘、5米反手抛盘、18米正反手直线长传

七级测试

测试方法及要求

被测试者在每个传盘点传盘过程中须身体正面朝向标识，按照传盘路线和目标顺序的规定进行测试，传盘时不可超出指定范围、动作标准、轴心脚不可移动、不可持盘跑动。

被测试者站在起点线外，举手向考官示意后，进入起点，发令声响起时触发计时器测试开始，被测试者到达1号传盘点完成10米正反手外弧线传盘，完成后沿指定路线跑至2号传盘点完成5米反手抛盘。

被测试者在完成5米反手抛盘过程中须严格按照指定顺序进行，依次完成1、2、3号目标框的测试要求，不按顺序传盘皆视为违规，须重新开始该等级测试。被测试者在每个传盘点正手、反手各有6次机会，正反手均须完成3次成功的传盘才能转至下一传盘点，其中5米反手抛盘每个目标框均有6次机会，每个目标框须完成3次成功的传盘。

被测试者完成5米反手抛盘后沿指定路线冲刺跑至3号传盘点，开始18米正反手直线长传，完成后迅速沿指定路线跑至终点处按下计时器，计时结束。

被测试者在测试过程中任一点位均须在规定次数内按要求完成传盘，否则该等级测试视为无效，无须记录时间。

飞盘在飞行过程中进入目标框视为传盘成功，落在网兜外、触框弹进均视为无效传盘。被测试者须严格按照项目轨迹要求传盘，弧线盘须绕过标志杆、直线盘须穿过两杆之间。

每名被测试者有两次测试机会。

场地布置

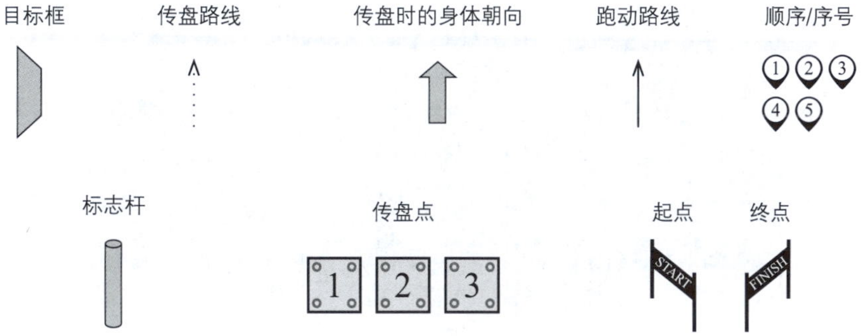

标准图示要求

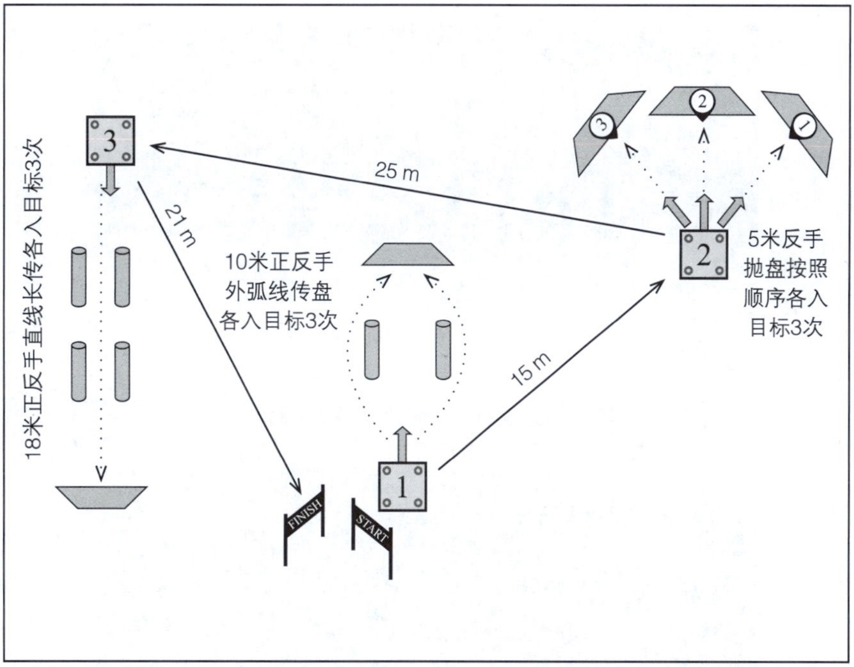

七级测试场地示意图

动作图示及说明

● 被测试者站在起点线外举手向考官示意

● 被测试者触发起点计时器,计时开始

● 被测试者在1号传盘点完成10米正反手外弧线传盘

● 被测试者沿指定路线跑至2号传盘点

● 被测试者在2号传盘点按顺序依次完成5米反手抛盘

● 被测试者沿指定路线冲刺跑至3号传盘点

● 被测试者在3号传盘点完成18米正反手直线长传

● 被测试者沿指定路线跑至终点

● 被测试者按下终点计时器，计时结束

达标标准

根据七级测试分值表,得到被测试者七级测试的最终成绩。被测试者须达到60分及以上,则该等级达标。

七级测试分值表

分值	男	女	分值	男	女
100	55"00	58"00	82	57"25	60"25
99	55"12	58"12	81	57"37	60"37
98	55"25	58"25	80	57"50	60"50
97	55"37	58"37	79	57"62	60"62
96	55"50	58"50	78	57"75	60"75
95	55"62	58"62	77	57"87	60"87
94	55"75	58"75	76	58"00	61"00
93	55"87	58"87	75	58"12	61"12
92	56"00	59"00	74	58"25	61"25
91	56"12	59"12	73	58"37	61"37
90	56"25	59"25	72	58"50	61"50
89	56"37	59"37	71	58"62	61"62
88	56"50	59"50	70	58"75	61"75
87	56"62	59"62	69	58"87	61"87
86	56"75	59"75	68	59"00	62"00
85	56"87	59"87	67	59"12	62"12
84	57"00	60"00	66	59"25	62"25
83	57"12	60"12	65	59"37	62"37

（续表）

分值	男	女	分值	男	女
64	59"50	62"50	39	62"62	65"62
63	59"62	62"62	38	62"75	65"75
62	59"75	62"75	37	62"87	65"87
61	59"87	62"87	36	63"00	66"00
60	60"00	63"00	35	63"12	66"12
59	60"12	63"12	34	63"25	66"25
58	60"25	63"25	33	63"37	66"37
57	60"37	63"37	32	63"50	66"50
56	60"50	63"50	31	63"62	66"62
55	60"62	63"62	30	63"75	66"75
54	60"75	63"75	29	63"87	66"87
53	60"87	63"87	28	64"00	67"00
52	61"00	64"00	27	64"12	67"12
51	61"12	64"12	26	64"25	67"25
50	61"25	64"25	25	64"37	67"37
49	61"37	64"37	24	64"50	67"50
48	61"50	64"50	23	64"62	67"62
47	61"62	64"62	22	64"75	67"75
46	61"75	64"75	21	64"87	67"87
45	61"87	64"87	20	65"00	68"00
44	62"00	65"00	19	65"12	68"12
43	62"12	65"12	18	65"25	68"25
42	62"25	65"25	17	65"37	68"37
41	62"37	65"37	16	65"50	68"50
40	62"50	65"50	15	65"62	68"62

（续表）

分值	男	女	分值	男	女
14	65"65	68"75	7	66"62	69"62
13	65"87	68"87	6	66"75	69"75
12	66"00	69"00	5	66"87	69"87
11	66"12	69"12	4	67"00	70"00
10	66"25	69"25	3	67"12	70"12
9	66"37	69"37	2	67"25	70"25
8	66"50	69"50	1	67"37	70"37

八级测试

科目：8米反手侧方短传、8米正手侧方短传、18米正反手直线长传

八级测试

测试方法及要求

被测试者在每个传盘点传盘过程中须身体正面朝向标识，按照传盘路线和目标顺序的规定进行测试，传盘时不可超出指定范围、动作标准、轴心脚不可移动、不可持盘跑动。

被测试者站在起点线外，举手向考官示意后，进入起点，发令声响起时触发计时器测试开始。被测试者须按照指定路线依次完成折返跑、障碍栏跨越后到达1号传盘点。

被测试者在1号传盘点进行8米反手侧方短传，有6次机会，须完成3次成功的传盘。

被测试者须在1号传盘点完成8米反手侧方短传后沿指定路线冲刺跑至2号传盘点并依次完成8米正手侧方短传及18米正反手直线传盘测试。被测试者在2号传盘点，8米正手侧方短传有6次机会，须完成3次成功的传盘；18米正反手直线长传正反手各有6次机会，正反手均须完成3次成功的传盘，才能转至终点。

被测试者完成18米正反手直线传盘后须迅速沿指定路线跑至终点处按下计时器，计时结束。

被测试者在测试过程中任一点位均须在规定次数内按要求完成传盘，否则该等级测试视为无效，无须记录时间。

被测试者在完成折返跑过程中均须绕至折返点后方，否则视为违规。障碍栏跨越采用双腿起跳通过，完成障碍栏跨越过程中若出现单脚起跳、触碰障碍栏、绕过障碍栏均视为违规，单次违规加时3秒，计入被测试者测试总用时。

飞盘在飞行过程中进入目标框视为传盘成功，落在网兜外、触框弹进均视为无效传盘。被测试者须严格按照项目轨迹要求传盘，直线盘须穿过两杆之间。

每名被测试者有两次测试机会。

场地布置

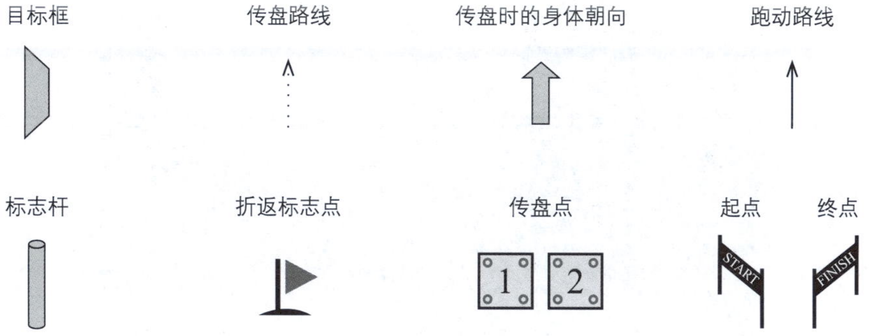

标准图示要求

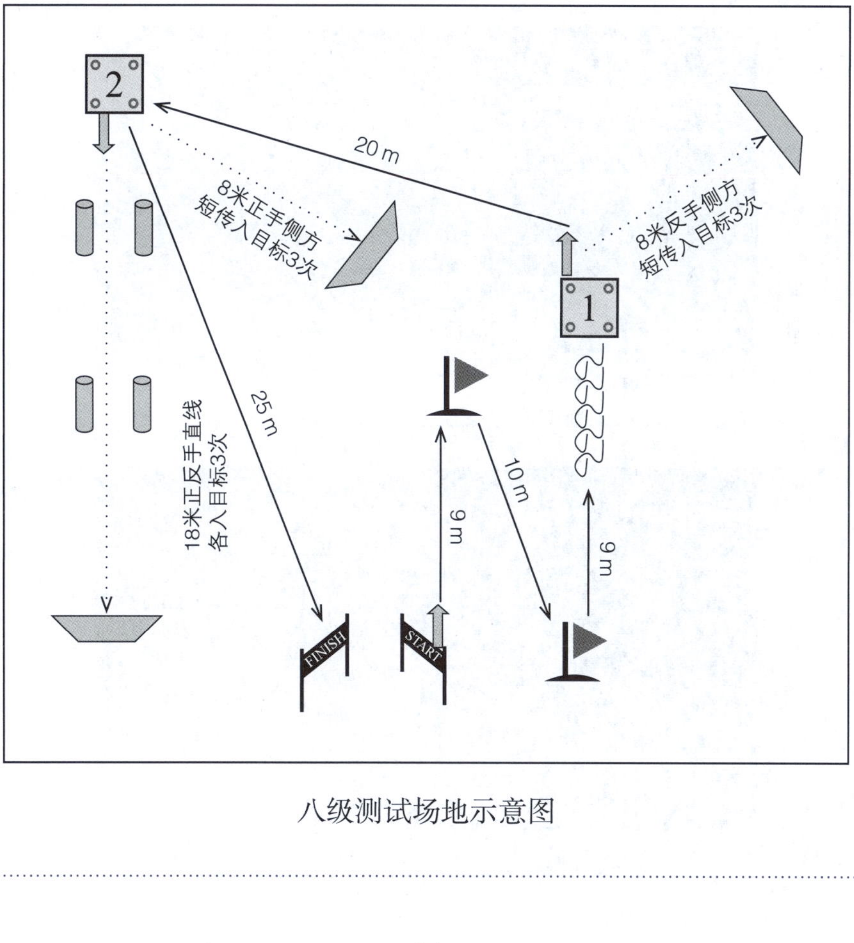

八级测试场地示意图

动作图示及说明

● 被测试者站在起点线外举手向考官示意

● 被测试者触发起点计时器，计时开始

● 被测试者在完成折返跑过程中绕过标志物

• 被测试者完成障碍栏跨越

• 被测试者在1号传盘点完成8米反手侧方短传

• 被测试者沿指定路线冲刺跑至2号传盘点

● 被测试者在2号传盘点完成8米正手侧方短传

● 被测试者在2号传盘点完成18米正反手直线长传

● 被测试者沿指定路线跑至终点

● 被测试者按下终点计时器，计时结束

达标标准

根据八级测试分值表，得到被测试者八级测试的最终成绩。被测试者须达到60分及以上，则该等级达标。

八级测试分值表

分值	男	女	分值	男	女
100	58"00	61"00	82	60"25	63"25
99	58"12	61"12	81	60"37	63"37
98	58"25	61"25	80	60"50	63"50
97	58"37	61"37	79	60"62	63"62
96	58"50	61"50	78	60"75	63"75
95	58"62	61"62	77	60"87	63"87
94	58"75	61"75	76	61"00	64"00
93	58"87	61"87	75	61"12	64"12
92	59"00	62"00	74	61"25	64"25
91	59"12	62"12	73	61"37	64"37
90	59"25	62"25	72	61"50	64"50
89	59"37	62"37	71	61"62	64"62
88	59"50	62"50	70	61"75	64"75
87	59"62	62"62	69	61"87	64"87
86	59"75	62"75	68	62"00	65"00
85	59"87	62"87	67	62"12	65"12
84	60"00	63"00	66	62"25	65"25
83	60"12	63"12	65	62"37	65"37

（续表）

分值	男	女	分值	男	女
64	62"50	65"50	39	65"62	68"62
63	62"62	65"62	38	65"75	68"75
62	62"75	65"75	37	65"87	68"87
61	62"87	65"87	36	66"00	69"00
60	63"00	66"00	35	66"12	69"12
59	63"12	66"12	34	66"25	69"25
58	63"25	66"25	33	66"37	69"37
57	63"37	66"37	32	66"50	69"50
56	63"50	66"50	31	66"62	69"62
55	63"62	66"62	30	66"75	69"75
54	63"75	66"75	29	66"87	69"87
53	63"87	66"87	28	67"00	70"00
52	64"00	67"00	27	67"12	70"12
51	64"12	67"12	26	67"25	70"25
50	64"25	67"25	25	67"37	70"37
49	64"37	67"37	24	67"50	70"50
48	64"50	67"50	23	67"62	70"62
47	64"62	67"62	22	67"75	70"75
46	64"75	67"75	21	67"87	70"87
45	64"87	67"87	20	68"00	71"00
44	65"00	68"00	19	68"12	71"12
43	65"12	68"12	18	68"25	71"25
42	65"25	68"25	17	68"37	71"37
41	65"37	68"37	16	68"50	71"50
40	65"50	68"50	15	68"62	71"62

（续表）

分值	男	女	分值	男	女
14	68"75	71"75	7	69"62	72"62
13	68"87	71"87	6	69"75	72"75
12	69"00	72"00	5	69"87	72"87
11	69"12	72"12	4	70"00	73"00
10	69"25	72"25	3	70"12	73"12
9	69"37	72"37	2	70"25	73"25
8	69"50	72"50	1	70"37	73"37

九级测试

科目：25米正反手内弧线传盘、20米正反手低位传盘、20米正反手高位传盘

九级测试

测试方法及要求

被测试者在每个传盘点传盘过程中须身体正面朝向标识，按照传盘路线和目标顺序的规定进行测试，传盘时不可超出指定范围、动作标准、轴心脚不可移动、不可持盘跑动。

被测试者站在起点线外，举手向考官示意后，进入起点，发令声响起时触发计时器测试开始。被测试者在每个传盘点正反手各有6次机会，正反手均须完成3次成功的传盘才能转至下一传盘点。

被测试者到达1号传盘点完成25米正反手内弧线传盘。

被测试者完成25米正反手内弧线传盘后沿指定路线冲刺至1号标志点处完成障碍栏跨越。

被测试者在2号传盘点完成20米正反手低位传盘，飞盘须沿横杆下方两杆间通过，完成后沿指定路线冲刺至2号标志点处完成障碍栏跨越。

被测试者完成障碍栏跨越后转至3号传盘点完成20米正反手高位传盘测试，飞盘须沿横杆上方两杆间通过，横杆高度设置为1.5米，合格后迅速沿指定路线冲刺至终点按下计时器，计时结束。

被测试者在测试过程中任一点位均须在规定次数内按要求完成传盘，否则该等级测试视为无效，无须记录时间。

被测试者在完成折返跑过程中均须绕至折返点后方，否则视为违规。障碍栏跨越采用双腿起跳通过，完成障碍栏跨越过程中若出现单脚起跳、触碰障碍栏、绕过障碍栏均视为违规，单次违规加时3秒，计入被测试者测试总用时。

飞盘在飞行过程中进入目标框视为传盘成功，落在网兜外、触框弹进均视为无效传盘。被测试者须严格按照项目轨迹要求传盘，弧线盘须绕过标志杆、直线盘须穿过两杆之间。

每名被测试者有两次测试机会。

场地布置

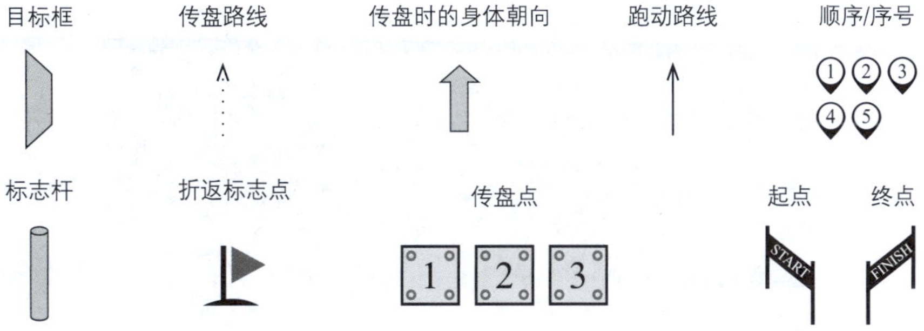

标准图示要求

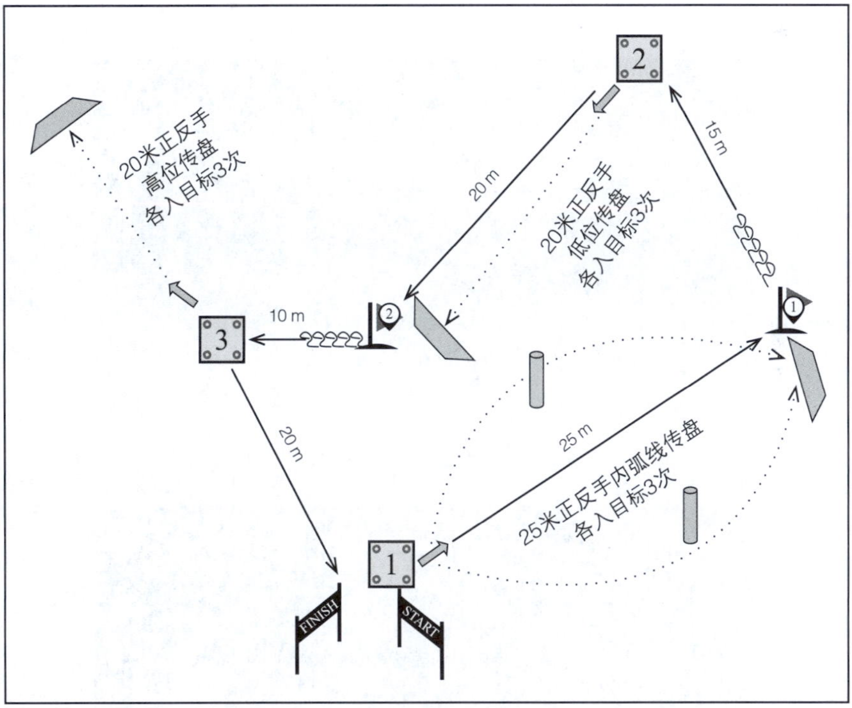

九级测试场地示意图

动作图示及说明

• 被测试者站在起点线外举手向考官示意

• 被测试者触发起点计时器,计时开始

• 被测试者到达1号传盘点完成25米正反手内弧线传盘

● 被测试者沿指定路线冲刺至1号标志点

● 被测试者完成障碍栏跨越

● 被测试者在2号传盘点完成20米正反手低位传盘

● 被测试者沿指定路线冲刺至2号标志点

● 被测试者完成障碍栏跨越

● 被测试者在3号传盘点完成20米正反手高位传盘

• 被测试者沿指定路线跑至终点

• 被测试者按下终点计时器，计时结束

达标标准

根据九级测试分值表，得到被测试者九级测试的最终成绩。被测试者须达到60分及以上，则该等级达标。

九级测试分值表

分值	男	女	分值	男	女
100	65"00	68"00	82	67"25	70"25
99	65"12	68"12	81	67"37	70"37
98	65"25	68"25	80	67"50	70"50
97	65"37	68"37	79	67"62	70"62
96	65"50	68"50	78	67"75	70"75
95	65"62	68"62	77	67"87	70"87
94	65"75	68"75	76	68"00	71"00
93	65"87	68"87	75	68"12	71"12
92	66"00	69"00	74	68"25	71"25
91	66"12	69"12	73	68"37	71"37
90	66"25	69"25	72	68"50	71"50
89	66"37	69"37	71	68"62	71"62
88	66"50	69"50	70	68"75	71"75
87	66"62	69"62	69	68"87	71"87
86	66"75	69"75	68	69"00	72"00
85	66"87	69"87	67	69"12	72"12
84	67"00	70"00	66	69"25	72"25
83	67"12	70"12	65	69"37	72"37

（续表）

分值	男	女	分值	男	女
64	69"50	72"50	39	72"62	75"62
63	69"62	72"62	38	72"75	75"75
62	69"75	72"75	37	72"87	75"87
61	69"87	72"87	36	73"00	76"00
60	70"00	73"00	35	73"12	76"12
59	70"12	73"12	34	73"25	76"25
58	70"25	73"25	33	73"37	76"37
57	70"37	73"37	32	73"50	76"50
56	70"50	73"50	31	73"62	76"62
55	70"62	73"62	30	73"75	76"75
54	70"75	73"75	29	73"87	76"87
53	70"87	73"87	28	74"00	77"00
52	71"00	74"00	27	74"12	77"12
51	71"12	74"12	26	74"25	77"25
50	71"25	74"25	25	74"37	77"37
49	71"37	74"37	24	74"50	77"50
48	71"50	74"50	23	74"62	77"62
47	71"62	74"62	22	74"75	77"75
46	71"75	74"75	21	74"87	77"87
45	71"87	74"87	20	75"00	78"00
44	72"00	75"00	19	75"12	78"12
43	72"12	75"12	18	75"25	78"25
42	72"25	75"25	17	75"37	78"37
41	72"37	75"37	16	75"50	78"50
40	72"50	75"50	15	75"62	78"62

（续表）

分值	男	女	分值	男	女
14	75"75	78"75	7	76"62	79"62
13	75"87	78"87	6	76"75	79"75
12	76"00	79"00	5	76"87	79"87
11	76"12	79"12	4	77"00	80"00
10	76"25	79"25	3	77"12	80"12
9	76"37	79"37	2	77"25	80"25
8	76"50	79"50	1	77"37	80"37